Little Peep

by Iris Zammit

Illustrated by Maryann Kovalski

Little Bo Peep lost her sheep
She went to find them.

She looked in the field.

No sheep.

Where are my sheep?

She looked up the hill.

No sheep.

Where are my sheep?

She looked
under the haystack.

No sheep.

Where **are** my sheep?

She looked down the well.

No sheep.

Where are **my** sheep?

She looked behind the fence.

No sheep.

Where are my **sheep**?

She looked in the barn.

No sheep.

Where are my sheep?

Baa! Baa! Baa!

There you are!